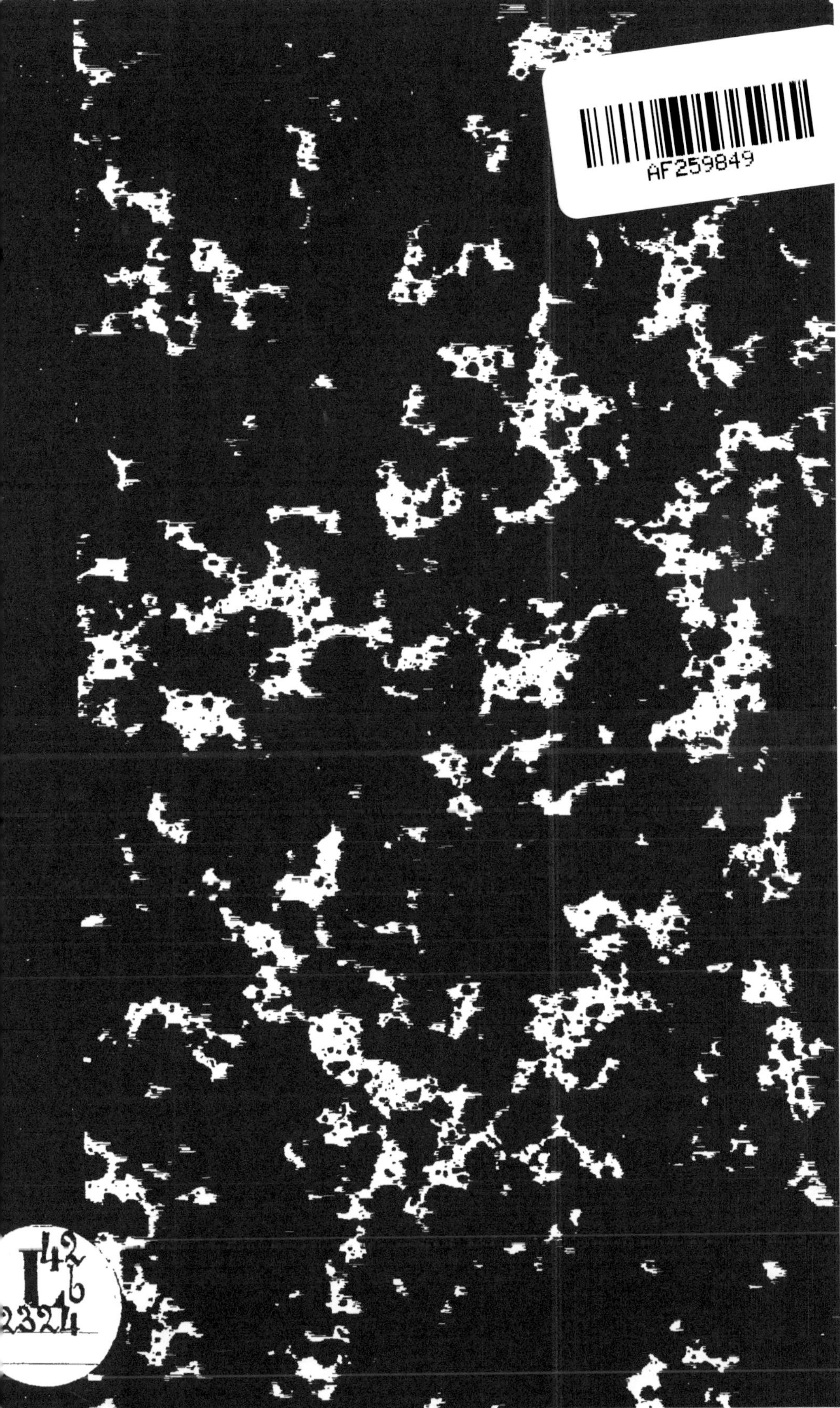
AF259849

PH. ANT. MERLIN,

MEMBRE DE L'INSTITUT

NATIONAL,

AU CONSEIL

DES CINQ-CENTS.

A PARIS,

Chez DESENNE, Libraire, Palais Egalité, n°. 2.

Et chez tous les Marchands de Nouveautés.

An VII de la Rep.

PH. ANT. MERLIN,

MEMBRE DE L'INSTITUT

NATIONAL,

AU CONSEIL

DES CINQ-CENTS.

CITOYENS REPRÉSENTANS,

JE suis dénoncé comme complice des plus grands crimes que puissent commettre des Magistrats d'un peuple libre. S'il en faut croire nos accusateurs, mes ex-collègues, *Reubell*, *Réveillière-Lépaux*, *Treilhard*, et moi, n'avons été, dans l'exercice des fonctions de Membres du Directoire Exécutif, que les agens du royalisme, et les usurpateurs de la souveraineté nationale..... Un généreux silence devroit seul répondre pour nous; seul il devroit suffire pour convaincre de notre innocence

A

tous ceux qui , depuis 1789 , nous ont vus constamment et uniquement occupés du soin d'établir, de consolider , d'affermir sur des bases inébranlables l'édifice auguste de la liberté. Mais votre volonté , citoyens représentans , est sacrée pour moi, comme elle doit l'être pour tout bon Français. Je vais descendre de la hauteur où m'a placé ma conscience , et sans me retrancher honteusement dans la *fin de non-recevoir* , que je pourrois tirer des circonstances antécédentes de ma démission (1) , je

---

(1) Long-temps avant le 30 prairial , l'idée de donner ma démission s'étoit présentée à mon esprit , et je la méditois encore dans l'hésitation , lorsque le représentant du peuple *Jean-Debry* arriva de Rastadt. Je lui en fis part , en ajoutant que si je prenois le parti de la réaliser , mon intention étoit de demander au Corps Législatif , qu'en acceptant ma démission , il m'envoyât devant une haute cour de justice , pour mettre au grand jour la pureté de ma conduite, depuis trop long-temps calomniée. Je le priai en même temps d'examiner cette idée , et de m'en dire son avis , après l'avoir mûrie dans ses sages réflexions. — Je le revis quelques jours après , et il me dit , que mon projet ne lui paroissoit ni convenable à moi, ni utile à la république. Eh bien ! lui répondis-je , qu'il n'en soit plus question.

Le 29 prairial , plusieurs Représentans du peuple me firent conseiller , et quelques-uns me conseillèrent eux-mêmes de donner ma démission , en me faisant entendre que c'étoit le seul moyen de me soustraire à l'orage qui depuis vingt-quatre heures grondoit sur ma tête.

Je répondis que si ma démission eût pu tourner à l'avantage de la république , elle eût été donnée depuis long-temps, et que je la donnerois encore dans cette hypothèse , dût-elle me coûter le sacrifice de

vais prouver , à tous les vrais amis de la république , que je suis toujours digne de leur estime.

---

mon honneur ; mais que , convaincu du contraire , je
ne transigerois pas avec mes devoirs ; qu'un décret
d'accusation n'avoit rien qui pût m'effrayer ; et qu'au
surplus , j'aimais mille fois mieux mourir avec gloire ,
que de traîner dans la honte quelques années de
plus.

Le soir . j'appris de mon collègue *Réveillière-Lépeaux*
qu'on lui avoit fait les mêmes propositions qu'à moi ,
et qu'il y avoit répondu dans le même esprit. Nous
nous séparâmes, en nous promettant bien de ne pas
céder , et de nous rendre paisiblement auprès de la
haute cour de justice , si nous étions mis en accusation.

Le lendemain dans la matinée , nouvelles instances ,
nouveau refus.

Vers deux heures après midi , le directoire étant
assemblé, un huissier vient annoncer *une députation du
Conseil des Anciens , qui demande à parler aux citoyens Réveillière-Lépeaux et Merlin.* — Nous passons, mon collègue et moi, dans la salle des ministres où nous trou-
vons les Représentans du Peuple *Laussat , Vimar ,
Chapsal, Perrin (des Vosges) , Faure-la-Brunerie , Ré-
gnier et Chasset*, membres du Conseil des Anciens , ac-
compagnés de cinq à six membres du Conseil des
Cinq-Cents.

Le citoyen *Perin (des Vosges)*, prend le premier la
parole, pour nous dire que tous les Membres du Conseil des Anciens venoient de se réunir dans le *Salon
de la Liberté* (pièce attenante à la salle de ses séances) ;
que là . frappés des dangers qui menaçoient la Patrie ,
dans l'état d'effervescence où se trouvoient tous les
entours du Conseil des Cinq-Cents. ils avoient unani-
mement pris le parti de nous envoyer une députation
dont le président lui-même avoit nommé les membres,

. Je n'ai point ambitionné le poste éminent auquel
.vos suffrages m'ont élevé à la suite de la journée du

---

pour nous inviter à donner notre démission, en nous
jurant, sur l'honneur du conseil, qu'il ne seroit plus
du tout question du projet formé et déjà annoncé pu-
bliquement de nous mettre en état d'accusation ; que
la députation, avant de se rendre près de nous., étoit
passée au Conseil des Cinq-Cents ; qu'elle avoit fait
part aux Commissions réunies de la mission qu'elle
alloit remplir, et que tous les membres de ces commissions lui avoient témoigné hautement qu'ils parta-
geoient les sentimens et les dispositions du Conseil
des Anciens.

Nous répondons ce que nous avions répondu la
veille, à la même proposition, et nous ajoutons que,
disposés comme nous l'étions à attendre dans le
calme le décret d'accusation qui nous menaçoit, et à
nous y conformer paisiblement, en nous rendant de
nous-mêmes auprès de la haute cour de justice. nous
ne concevions pas comment ce décret pourroit com-
promettre la tranquillité publique, d'autant qu'il n'y
avoit de notre part aucun projet ni moyen de résis-
tance.

Le citoyen *Perrin* et ses collègues reprennent successivement la parole. et nous font observer, les lar-
mes aux yeux. que ce n'étoit pas pour notre sûreté
personnelle qu'ils demandoient notre démission,
mais uniquement pour arrêter le mouvement qui se
manifestoit avec les symptômes les plus alarmans; que
les conducteurs de ce mouvement, étrangers aux
deux conseils. ne mettoient en avant notre expul-
sion du directoire, par le moyen d'un décret d'accusation, que pour créer un prétexte aux troubles et
au bouleversement qu'ils méditoient ; qu'il importoit
donc extrêmement de leur ôter ce prétexte ; qu'il
étoit impossible, si nous persistions dans notre déter-
mination généreuse, de calculer jusqu'où se porte-

18 fructidor. Ces suffrages, je ne les ai provoqués
par aucune démarche, même indirecte ; j'ai fait

---

roit leur fureur ; et qu'encore une fois ils nous con-
juroient de céder, non pour notre propre salut, mais
pour celui de la république.

Ces considérations, répétées à plusieurs reprises,
avec l'accent de la sensibilité la plus touchante, nous
ébranlèrent ; les Représentans du Peuple s'en aper-
çurent ; ils insistèrent avec une nouvelle force ;
enfin, nous leur déclarâmes, qu'avant de les avoir
entendus, nous étions déterminés à sacrifier notre
existence à notre honneur, mais que vaincus par
leurs raisons, nous étions prêts à sacrifier notre honneur à la patrie, et qu'en conséquence nous allions
signer notre démission, si les choses étoient encore
entières du côté du Conseil des Cinq-Cents, c'est-à-
dire, si au moment où nous parlions, il n'étoit encore
sorti de ce Conseil aucune résolution qui tendît à nous
accuser.

Ils sortirent à l'instant, après nous avoir pressés dans
leurs bras, et volèrent au Conseil des Cinq-Cents.

Une demi-heure après, les Représentans du Peuple
Regnier et *Chasset* revinrent avec les Représentans du
Peuple, *Jourdan* et *Boulay* de la Meurthe, Membres
du Conseil des Cinq-Cents ; ceux-ci nous déclarèrent
que les deux Conseils n'avoient encore pris aucune
résolution à notre sujet, et qu'ils venoient nous assurer, que puisque nous étions décidés à abdiquer, il
ne seroit donné aucune suite au projet de nous
mettre en état d'accusation. Le citoyen *Boulay* ajouta
même qu'il prenoit l'engagement de nous proclamer à
la tribune les sauveurs de la patrie.

C'est à la suite de cette confidence que notre démission a été rédigée, signée et envoyée aux deux
Conseils.

J'ai cru devoir rappeler tous ces détails, non pour
m'en prévaloir contre l'examen que l'on voudroit faire

plus, j'ai prié instamment plusieurs Membres du Corps Législatif de les détourner de moi ; et l'on en sera peu étonné, quand on saura que dès vendémiaire an 5, j'avois sollicité du Directoire Exécutif la permission de quitter le ministère de la justice, pour rentrer dans la vie privée, et me confiner dans la solitude, après laquelle je soupirois depuis long-temps. Ce que le Directoire Exécutif m'avoit dit à cette époque, me fut répété en fructidor : « La Patrie réclame encore vos services »; et j'obéis en fructidor comme j'avois obéi en vendémiaire.

Mais en obéissant, je ne m'aveuglai ni sur les désagrémens, ni sur les dangers inséparables de mes nouvelles fonctions ; et je dis dès-lors, comme je répétai mille fois depuis, à un très-grand nombre de membres du Corps Législatif, qui peuvent en rendre témoignage, qu'il n'y avoit à mes yeux que deux beaux jours, pour un Membre du Directoire, celui de son entrée et celui de sa sortie. Aussi ne cessois-je pas de hâter, par mes vœux, le moment de ma sortie; et plusieurs personnes peuvent se rappeler que, dans mes conversations, je me faisois un plaisir de calculer minutieusement toutes les parcelles de l'espace de temps que j'avois encore à franchir pour arriver à cette heureuse époque.

---

aujourd'hui de ma conduite (mon collègue et moi avons renoncé à cet avantage par l'acte même de notre démission), mais pour apprendre à ceux qui l'ignorent que cette démission n'a pas été de notre part l'effet d'un calcul lâche et pusillanime, et qu'elle ne peut être considérée que comme un sacrifice généreusement offert à la tranquillité de nos concitoyens et au salut de la République.

Avec ces dispositions , j'aurois pu faire des fautes sans doute ; car on ne m'a pas investi, en me faisant entrer au Directoire, du droit de l'infaillibilité ; et certes des fautes commises, soit par inattention , soit même par inexperience , dans une place que l'on n'a point briguée , ne peuvent, dans aucun temps, ni sous aucun prétexte, devenir la matière d'une accusation quelconque. S'il y a à se plaindre alors, ce ne peut être que d'avoir fait un mauvais choix.

Mais ai-je commis des crimes ? ai-je trahi mes devoirs ? ai-je médité , préparé le renversement de la République ? — Oui , répondent mes dénonciateurs. — Quels sont donc les faits qui appuient une assertion aussi étrange , je dirai même aussi audacieuse, et de quelles preuves ces faits sont-ils revêtus ? C'est ce que va nous apprendre le résumé que présente à cet égard le rapport du citoyen *Montpellier* (de l'Aude) , du 24 messidor dernier.

Les ex-Directeurs et quelques Ministres (y est-il dit) sont dénoncés,

1°. POUR AVOIR FAIT VENDRE OU VENDU EUX-MÊMES NOS MUNITIONS, NOS ARMES, NOS VIVRES, NOS EFFETS DE TOUTE ESPÈCE.....

RÉPONSE. Je défie que l'on produise un seul acte, que l'on cite un seul mot par lequel le Directoire, tout le tems que j'en ai été membre, ait autorisé de pareilles ventes.

Je sais bien que peu de tems avant le départ de l'armée de l'Orient du port de Toulon, des agens du général *Bonaparte* ont indignement abusé de ses pouvoirs et de ses instructions, pour vendre et convertir en argent des canons et peut-être d'autres armes qui se trouvoient dans plusieurs départemens méridionaux.—Mais le Directoire n'en a été informé

que long-tems après la consommation et l'exécution des ventes ; il n'étoit plus alors en son pouvoir
d'empêcher le mal qu'il n'avoit ni pu ni dû prévoir,
et il n'a pu que se promettre d'en faire punir les
auteurs, lorsqu'ils reviendroient en France.

Je sais bien qu'il a été fait à la Rochelle des ventes
d'effets militaires dont les bas-prix ont révolté tous
les témoins. — Mais le représentant du peuple *le
Mercier*, membre du Conseil des Anciens, à qui j'ai
dû, dans le tems, la connoissance de ces ventes,
peut attester que je me suis donné tous les mouvemens possibles pour en découvrir les auteurs et
les motifs ; j'ai écrit à ce sujet au ministre de la
guerre des lettres qui doivent se trouver dans ses
bureaux ; et le ministre a dû prendre, en conséquence, des informations ; mais le résultat n'en a
pas été communiqué au Directoire avant le 30
prairial.

Je sais bien aussi que par l'intermédiaire du représentant du peuple *Lesage-Senault*, il m'est parvenu
il y a environ un an, des lettres d'un très-habile
et très-brave officier d'artillerie (le chef de brigade
Alix), qui contenoient des renseignemens assez
détaillés sur des ventes qui avoient été faites à
Paris, de différentes parties d'armes et d'effets militaires. — Mais ce que je sais également, c'est que
le Directoire, à qui j'ai communiqué ces renseignemens, en a marqué, comme moi, la plus grande
surprise ; que des extraits des lettres qui les ren-
fermoient, ont été envoyés au ministre de la guerre
pour en rendre compte sans délai, et que ce ministre
a en conséquence fait un rapport au Directoire.
—Que contenoit ce rapport, et quelles en étoient
les conclusions? Il faudroit l'avoir sous les yeux pour
me le rappeler. Ma mémoire n'a pu conserver de

pareils détails. Mais ce que je viens de dire suffit toujours pour prouver que le Directoire n'a eu aucune part, ni directe ni indirecte aux ventes dont il s'agit.

Je sais bien encore que par suite de cette affaire et du renvoi que le ministre de la guerre eut ordre en conséquence de faire du chef de sa division de l'artillerie et du génie (*Planat*), il a été mis sous les yeux du Directoire, des pièces qui paroissoient établir qu'un général d'artillerie aussi distingué par son patriotisme que par ses talens et sa bravoure (le citoyen *Debelle*), s'étoit permis de disposer très-arbitrairement d'un assez grand nombre d'effets d'artillerie dans l'arrondissement de la ci - devant armée de Sambre et Meuse ; effets parmi lesquels se trouvoient vraisemblablement les 48 canons de l'arsenal de Metz, dont il est parlé dans le rapport du 24 messidor dernier ; qu'avant de prendre un parti sur un fait aussi grave imputé à un homme investi de l'estime universelle, et qui pouvoit très-bien n'être qu'une récrimination calomnieuse de la part du citoyen *Planat*, le Directoire Exécutif a cru devoir entendre le général *Debelle* lui-même ; que copie des pièces lui a été adressée, et qu'il a envoyé sa réponse au Directoire, qui n'avoit pas encore pu s'en occuper à l'époque de ma démission. —Mais que conclure de tout cela ? Quand on supposeroit, ce que je serois bien éloigné d'admettre sans preuves de la plus grande évidence, que le général *Debelle* eût sur cet objet quelques reproches à se faire, assurément ces reproches ne pourroient pas rejaillir sur le Directoire Exécutif.

II°. Pour avoir laissé nos places fortes sans approvisionnement.....

Réponse. Le directoire exécutif n'a dû, pour

les approvisionnemens de places fortes, que veiller à ce que le ministre de la guerre donnât les ordres nécessaires. Cependant, il a fait plus ; il a voulu s'assurer, en quelque sorte par lui-même, de l'exécution de ces ordres ; et il a, pour cet effet, chargé un officier d'artillerie, désigné par le citoyen *Barras*, l'un de ses membres, de visiter toutes les places fortes, en commençant par celles du Rhin, pour en vérifier les états de situation, en vivres et en munitions de toute espèce. Le citoyen *Derville* (c'est le nom de cet officier) a rempli sa mission, et a fourni au Directoire des renseignemens d'après lesquels de nouveaux ordres ont été donnés, et des états exigés jour par jour du ministre de la guerre.

Après les places du Rhin, le citoyen *Derville* a été chargé de parcourir celles des Alpes.

Quant à celles d'Italie, elles étoient trop éloignées pour que le Directoire exécutif pût faire autre chose que de s'en rapporter aux généraux. Ceux-ci ont sans doute rempli à cet égard toutes leurs obligations : mais leurs ordres ont-ils été exécutés par les fournisseurs et entrepreneurs avec la précision et l'exactitude que la République avoit droit d'en attendre, et les généraux ont-ils déployé, pour les y contraindre, tout le pouvoir que le Directoire Exécutif leur avoit confié ? C'est ce que je ne puis décider, n'ayant sous la main aucune des pièces nécessaires pour vérifier les faits.

Mais, à tout événement, que peut-on, en cette matière, reprocher au Directoire Exécutif ? Un défaut d'attention ? Ce ne seroit pas un crime : il y a loin de la simple négligence à la trahison. Mais le Directoire n'a même à craindre sur ce point, ni reproche d'inattention, ni reproche de négligence. Et si l'on veut se former une juste idée de la sollicitude qu'il a constamment montrée dans cette partie importante, que l'on se fasse représenter les ordres qu'il a donnés et qu'il a fait donner par les ministres de la guerre, de la marine et des finances, pour l'approvisionnement de Malte et de Corfou. On y trouvera, j'ose le dire, des preuves d'une activité sans bornes, d'un zèle infatigable ; et comme les bons esprits ne jugent pas les intentions par les événemens, on en concluera sûrement que si le Directoire a droit à des applaudissemens parce que ses mesures pour Malte ont eu le succès le plus complet, il seroit injuste de le blâmer pour n'avoir pas réussi également dans celles du même genre qu'il avoit prises pour Corfou.

Pour revenir aux approvisionnemens des places de terre, il est un fait bien connu, et qui explique pourquoi ils se sont trouvés en défaut sur plusieurs points, nonobstant les ordres donnés et les précautions prises pour les assurer et les compléter. C'est que souvent le manque de service de la part des fournisseurs des vivres de campagne (qui prétendoient ne pouvoir plus fournir, parce que la trésorerie les laissoit sans fonds), forçoit d'y suppléer aux dépens des approvisionnemens de siége : la maxime étoit qu'il falloit toujours faire face aux besoins les plus pressans. Cette maxime étoit vraie à la rigueur. Cependant le Directoire crut devoir en faire défendre la pratique ultérieure, par le ministre de la guerre, et il a tenu fermement la main à ce que cette défense fût respectée.

III°. Pour être resté dans la plus cruelle

INERTIE, LORSQUE TOUT ANNONÇOIT LA GUERRE, LORSQUE NOS ENNEMIS FAISOIENT LES PLUS FORMIDABLES PRÉPARATIFS, LORSQUE LE NORD VOMISSOIT UNE IMMENSE QUANTITE DE SOLDATS EXERCÉS. . . . .

RÉPONSE. Dès les premières apparences de la reprise des hostilités, c'est-à-dire, dès l'instant où l'ambassadeur *Bernadotte* eut reçu à Vienne cette insulte, qui fera époque dans l'histoire des attentats de la maison d'Autriche au droit des gens, le Directoire Exécutif a mis tout en œuvre pour préparer la nation à une guerre vigoureuse.

Il a commencé par faire refluer en Italie et vers les Alpes toutes les troupes qui avoient été tirées de ces contrées après le traité de *Campo-Formio*.

Il a donné de nouveaux ordres pour faire rejoindre les réquisitionnaires et les militaires absens par congé.

Et sentant dès - lors que de nouvelles levées étoient devenues indispensables, il a, par des sollicitations particulières et cent fois réitérées, pressé le travail de la commission militaire du Conseil des Cinq - Cents, sur le mode de recrutement.

Ce travail, annoncé à la tribune dès nivose an 6, n'a été achevé et décrété définitivement que le 19 fructidor suivant, date de la loi sur la conscription militaire.

Enfin, dès que cette loi eut été publiée et suivie de quelques dispositions législatives qui avoient été insérées nécessairement pour en faciliter la marche et en éviter les inconvéniens, le Directoire s'est adressé au Corps Législatif pour demander une levée de deux cents mille conscrits, et un secours extraordinaire de 150 millions, pour les habiller, armer et solder.

En même tems, il s'est occupé du choix des généraux ; *Joubert* fut tiré de l'armée de Mayence, pour commander celle d'Italie ; *Jourdan* fut p acé à la tête de celle de Mayence ; et *Championnet* prit le commandement de celle de Rome, subordonnée, pour les grands mouvemens, à celle d'Italie.

Toutes ces dispositions furent alors applaudies par tout ce qu'il y avoit de plus ardent et de plus éclairé parmi les républicains ; et personne certainement ne s'attendo t à cette époque, qu'un jour le Directoire seroit accusé de ne s'y être signalé que par *la plus cruelle inertie.*

Qu'on ne dise pas que du moins le Directoire s'est endormi sur l'exécution des lois du 19 et du 23 fructidor an 6, relatives aux conscrits et aux réquisitionnaires. C'est bien au contraire à faire exécuter ces deux lois, qu'il s'est spécialement et imperturbablement appliqué : *le Bulletin des Lois* et *le Rédacteur* sont remplis d'arrêtés, de lettres d'instructions, qui tendent uniquement à ce grand objet. Par-tout on y voit le Directoire sans cesse occupé à rechercher les causes des retards et des entraves qu'éprouvoit l'exécution de la volonté du législateur, à applanir les difficultés, à lever les obstacles, à encourager les nouveaux défenseurs de la liberté, à faire poursuivre les récalcitrans, à faire punir les fauteurs de la désertion, etc.

Aussi a-t-il eu la satisfaction de voir arriver, ou retourner sous les drapeaux plus de *soixante* mille réquisitionnaires et déserteurs.

Si son zèle n'a pas eu plus de succès par rapport aux conscrits, qui devoient seuls fournir 200 mille hommes, et si au lieu de ce nombre, il ne s'en est trouvé au commencement de la guerre qu'environ 50 à 60 mille sous les armes, les causes en sont malheureusement trop notoires et trop évidentes, pour qu'on puisse les imputer au Directoire.

D'abord, la loi sur la conscription exigeoit, pour sa mise en activité, un travail très-considérable; et ce travail a dû être d'autant plus lent qu'il devoit être fait en majeure partie par les administrations municipales des campagnes; de-là, des retards inévitables, et par suite de-là, une foule de moyens pour les antagonistes très-multipliés de la loi d'en éluder l'exécution. Il n'auroit été possible de prévenir ces inconvéniens, qu'en faisant la loi deux mois plutôt; et j'en ai vu faire l'observation par plusieurs membres du corps législatif; mais le mal étoit alors sans remède, et l'on a senti trop tard que pour faire exécuter facilement une loi de cette nature, il falloit indispensablement un intervalle entre les travaux préliminaires qu'elle impose aux administrations locales, et la marche effective des conscrits qui doit en être le résultat.

A cette première entrave, la loi du 26 nivose an 7 en a ajouté une autre qui n'a pas été moins funeste, par le mode qu'elle a établi pour accorder les exemptions de service; il est incroyable combien ce mode a fait rester dans leurs foyers d'hommes qui n'avoient aucune raison légitime pour se dispenser de marcher, mais qui ne manquoient pas de prétextes pour s'en faire exempter par les parens et les amis qu'ils avoient dans les administrations; et il n'est pas besoin de dire que leur exemple servoit à ceux qui ne pouvoient pas obtenir d'exemptions légales, d'excuse pour se donner à eux-mêmes des exemptions de fait et refuser toute espèce d'obéissance à la loi.

Enfin, il est généralement connu que de tous les conscrits que leur propre bravoure ou les instances et le zèle des commissaires du Directoire Exécutif avoient déterminés à partir, il en est revenu un très-grand nombre dans leurs foyers, les uns parce qu'ils rencontroient sur leurs pas des émissaires de l'étranger, qui, par milles insinuations, plus perfides les unes que les autres, les portoient à une lâche désertion ; les autres, parce que sur leur route et même aux armées, quand ils arrivoient jusques-là, ils ne trouvoient ni les vivres, ni les effets d'habillement et d'équipement qui leur étoient nécessaires; et pourquoi ne les y trouvoient-ils pas? Parce que le fonds extraordinaire de 125 millions, qui avoit été sollicité par le Directoire pour leur levée, n'avoit été fait qu'en biens nationaux, dont il ne s'est pas encore, en ce moment même, vendu plus de la cinquième partie, et qui n'ont pas encore produit en numéraire effectif, le dixième de la somme demandée et décrétée comme indispensable.

On a prétendu que le Directoire avoit lui-même entravé la marche des conscrits, par le mauvais exemple qu'il avoit donné, en élevant au grade d'officiers, contre la défense textuelle de la loi, des jeunes gens de l'âge de la conscription, qui n'avoient pas trois ans de service. C'est une pure calomnie, et le seul fait qu'on a cité à l'appui ne la justifie nullement. Le citoyen Dubuisson, de la commune d'Inchy, département du Pas-de-Calais, que l'on a qualifié à la tribune du Conseil des Cinq-Cents, de *neveu* ou *bâtard de Merlin*, quoiqu'il me soit tout-à-fait étranger, le citoyen Dubuisson, dis-je, avoit fait preuve de trois années de service lorsque le Directoire le nomma, non sur ma proposition, mais sur celle d'un de mes collegues, à une sous-lieutenance du 21e. régiment de chasseurs à cheval.

IV°. POUR AVOIR ENVOYÉ NOS BRAVES LÉGIONS SANS ARMES, SANS FORCE, SANS VIVRES, SE FAIRE ÉGORGER SUR LE DANUBE ET SUR L'ADIGE, PAR UN ENNEMI TROIS FOIS PLUS NOMBREUX QU'ELLES....

RÉPONSE. Lorsque le silence obstiné de l'Autriche sur les interpellations qu'il lui avoit fait faire relativement à la marche des Russes, eut convaincu le Directoire exécutif de la perfidie de cette puissance ambitieuse, et de l'impossibilité d'éviter avec elle une nouvelle guerre, sans doute il a dû sentir et il a senti en effet qu'il n'y avoit pas d'autre parti à prendre que de tomber, même à forces inégales, sur les troupes autrichiennes, avant qu'elles fussent renforcées par les Russes; car, quoique trois hommes, par exemple, soient inférieurs à cinq, au secours desquels il en marche d'autres, il est évident que les trois feroient une grande faute, si, devant se battre contre les cinq, ils attendoient pour le faire que ceux-ci eussent reçu leur renfort de deux.

Il y a au surplus bien de l'exagération à dire que les forces autrichiennes étoient trois fois supérieures en nombre aux forces françaises, lors du renouvellement des hostilités. Les états comparatifs des uns et des autres, ont été mis dans le temps, sous les yeux du Directoire, et si ma mémoire est fidèle, la différence de celle-ci à celle-là, étoit tout au plus comme de 2 à 3. Or

il

il n'est personne qui ne sache que deux Français n'ont
jamais été regardés comme inférieurs à trois Autrichiens. A labataille de Fleurus, l'ennemi étoit de
plus d'un tiers supérieur en nombre à l'armée répu-
blicaine ; il en a été de même à la plupart des autres
victoires qui depuis ont illustré le nom français ; et
il est si vrai que cette glorieuse prérogative n'a
pas encore abandonné les drapeaux de la République, que d'après les rapports du général Jourdan au Directoire Exécutif, il auroit, le 5 germinal
remporté une victoire complète et décisive, si
le général d'*Hautpoul* eût exécuté à temps l'ordre
qu'il lui avoit donné trois fois de charger à la
tête de la cavalerie, et que le six du même mois
les Autrichiens furent battus avec éclat sur
l'Adige.

Non, ce n'est point à la foiblesse de nos armées
lors de la reprise des hostilités, qu'il faut attribuer
nos revers ; ils n'ont eu d'autre cause que l'insubordination de plusieurs généraux envers leurs chefs.
Le général *Jourdan* les a signalés lui-même au Directoire, qui les a fait mettre en jugement ; et je dois
dire ici qu'il sembloit le pressentir dès le jour même
de sa nomination en vendémiaire an 7. Ce jour-là,
en dînant avec lui, il me dit qu'il n'avoit dû ses
revers en l'an 4, qu'à la mésintelligence qu'un mauvais génie avoit établie entre lui et les généraux de
division ; mais qu'il comptoit bien, dans son nouveau commandement, faire respecter l'autorité
dont le Directoire venoit de l'investir. Malheureusement ses espérances furent trompées, et le premier mot qu'il dit au Directoire à son retour de
l'armée, fut qu'il avoit été perpétuellement inquiété
et contrarié par ceux qui devoient lui obéir. Heureux si n'écoutant pas à leur égard des sentimens

B

trop généreux, il les eût fait connoître plutôt au Directoire !

V°. POUR AVOIR CONSERVÉ DANS L'INTÉRIEUR PLUS DE CENT MILLE HOMMES, AU MOMENT MÊME DE LA DÉCLARATION DE GUERRE....

RÉPONSE. Falloit-il abandonner aux incursions des Anglais, l'immense côte de l'Ocean, les départemens de l'Ouest, ceux de la Seine-Inférieure, de la Somme, du Pas-de-Calais, du Nord, de la Lys, de l'Herault et des Deux-Nèthes ? — Falloit-il livrer à elle-même la ci-devant Belgique, encore fumante de la rébellion dont elle venoit d'être le sanglant théâtre ? — Falloit - il laisser Paris sans force. — Permettre au royalisme de faire éclater à volonté dans la commune de Lyon les complots qu'il y organise sans cesse ; — dégarnir entièrement ceux des départemens méridionaux où chaque jour des bandes d'assassins royaux faisoient couler le sang ; —Falloit-il enfin ôter à la loi sur la conscription le seul moyen d'exécution que la force militaire lui fournissoit dans un grand nombre de départemens ?

VI°. POUR AVOIR DÉPORTÉ, DE LEUR PROPRE AUTORITÉ, QUARANTE MILLE HOMMES DANS *les déserts de l'Arabie....*

RÉPONSE. C'est bien ici que j'ai le droit de dire qu'on ne doit me juger que sur l'intention. Certes on ne me soupçonnera pas d'avoir cherché à me défaire du seul fils que j'aie au monde, d'un fils qui dès l'âge de quatorze ans et demi prit les armes pour la défense de la république (2), d'un fils que son civisme aussi pur qu'énergique et son heureux

____

(2) Voici ce que m'écrivoit, à son sujet, le brave

naturel, ont toujours également concouru à me rendre cher. C'est lui cependant qu'on m'accuse d'avoir *déporté* avec l'immortel général qui a bien voulu le prendre pour aide - de - camp (3), et la brave armée qui en Afrique comme en Europe, s'est montrée si digne de combattre avec Bonaparte. Mon fils n'étoit pourtant alors soumis ni à la réquisition, ni à la conscription, qui n'étoit pas même encore décrétée ; il n'avoit que dix-neuf ans et cinq mois ; et la réforme de l'officier-général auquel il avoit précédemment servi d'aide-de-camp sous-lieutenant, ayant donné lieu en l'an 5 à sa démission, qui avoit été acceptée, il se trouvoit, aux termes de la loi, exempt pour toute sa vie du service militaire.

---

général de brigade *Cambray*, qui vient de mourir au champ de l'honneur en Italie :

« Au camp de Rogon (armée des Côtes-de-Brest) » le 6 septembre 1793, l'an 2 de la République.

» Nous avons encore battu les brigands.... *Eugène* a » commencé son service avant - hier, le feu de la » mousqueterie et du canon ne l'épouvante pas ; il » semble être dans sa sphère. »

(3. Quoique ce fait soit trop notoire pour qu'on puisse vraisemblablement me le contester, je crois devoir, à défaut de pièces officielles, transcrire ici une lettre que le citoyen Louis Bonaparte, l'un des frères et des aides de-camp du général en chef, m'écrivit à son retour d'Egypte :

« Le citoyen votre fils, citoyen Directeur, m'a » remis deux lettres pour vous ; comme je suis in- » certain si le courrier que j'expédie au Directoire » Exécutif, parviendra, je ne vous en envoie qu'une. » Je vous remettrai l'autre moi-même. » Le citoyen votre fils a supporté les fatigues de la

B 2

Au fond, il faudroit être bien stupide pour croire, ou de bien mauvaise foi pour feindre de croire que Bonaparte ait fait malgré lui l'expédition d'Egypte. Tous ceux qui l'ont vu pendant les deux mois qui ont précédé son depart, doivent se rappeler avec quelle ardeur il se livroit aux travaux préliminaires de cette grande entreprise, avec quel soin il recherchoit les hommes qu'il jugeoit les plus propres à l'y seconder; avec quelle impatience il supportoit les lenteurs que le défaut d'argent et différentes autres causes occasionnoient dans ses préparatifs. — Il est de fait que c'est lui qui a minuté tous les arrêtés, tous les ordres, toutes les instructions dont le Directoire l'a chargé; et si l'on ne peut pas dire que c'est lui qui a conçu le premier l'idée de cette expédition, du moins on peut assurer que sans lui elle seroit restée en projet, et que c'est à son génie qu'elle doit le développement et l'exécution qu'elle a reçus.

Mais cette expédition étoit-elle légale? étoit-elle utile?

Sur sa légalité, je ne puis que m'en référer au message du Directoire exécutif du ..... fructidor an

---

„ campagne avec beaucoup de facilité, il s'est trouvé
„ à toutes les affaires; et si l'opinion d'un de ses cama-
„ rades n'est point suspecte, j'ajouterai qu'à beaucoup
„ de zèle, il joint tout ce qu'il faut pour faire un mi-
„ litaire célèbre; il ne lui manque que du tems et
„ l'occasion. L'un et l'autre lui arriveront facilement.

„ Recevez, citoyen Directeur, l'hommage de mon
„ respectueux dévouement „.

Ajaccio, 18 *nivôse an* 7.

Signé, L. BONAPARTE.

6 , et sur-tout à la loi intervenue en conséquence, qui déclare *que l'armée française victorieuse en Egypte a bien mérité de la patrie.* C'est ici ou jamais le cas de dire *non bis in idem :* ce que le Corps législatif a sanctionné avec tant de solemnité , il y a onze mois , le corps législatif ne peut pas le blâmer aujourd'hui ; et ce seroit l'insulter que de le croire capable d'imputer à crime en l'an 7 , un fait qu'il a jugé digne en l'an 6 , de son approbation la plus éclatante.

Quant à l'utilité de l'expédition , je renvoie les Français qui la contesteront , au jugement qu'en portent nos plus grands ennemis , les Anglais. Ceux-ci ont bien su l'apprécier , et leur monarque lui-même n'a pas cru pouvoir dissimuler dans un de ses derniers discours au parlement , que c'est principalement contre l'Angleterre qu'elle a été dirigée. Il ne faut , en effet , être ni grand géographe , ni grand politique pour sentir que l'Egypte est l'avant-poste de l'Inde , et que la puissance qui est maîtresse de l'une, deviendra, quand elle le voudra, efficacement maîtresse de l'autre,

Que la malheureuse journée d'Aboukir ait retardé pour nous la jouissance des heureux fruits de cette expédition , et qu'à Constantinople elle ait donné aux Anglais et aux Russes un ascendant qui a forcé la Porte Ottomane de changer de système , et de prendre pour aggression de notre part ce qu'elle avoit jusques-là regardé d'un œil pacifique ; rien de tout cela ne peut dénaturer l'entreprise en elle-même , ni la rendre criminelle après coup. Ce n'est point par les événemens que l'on doit juger la moralité des opérations d'un gouvernement.

Si la flotte sortie de Brest , sous les ordres de l'amiral *Bruix ,* avoit le malheur de périr par une tempête, s'aviseroit-on de faire un crime au Directoire d'une opération qui a excité l'admiration de toute l'Europe, et qui, au tribunal de la postérité, le vengera du reproche d'ineptie qu'il est aujourd'hui du bon ton de lui prodiguer !

VII°. POUR AVOIR DÉCOURAGÉ ET EXASPÉRÉ L'ARMÉE D'ITALIE PAR LA MISE EN JUGEMENT DU GÉNÉRAL CHAMPIONNET, QUI AVOIT DÉTRÔNÉ UN ROI, ET PAR LA NOMINATION DE SCHERER AU COMMANDEMENT DE CETTE ARMÉE.

RÉPONSE. Le général Championnet a été mis en jugement pour avoir méprisé ouvertement et violé avec éclat un arrêté du Directoire exécutif, et pour avoir fait afficher et exécuter l'arrêté qu'il avoit pris lui - même à cet effet. — Si c'est-là un crime, malheur à tout pays libre dont les magistrats ne se sentent pas le courage d'en commettre un semblable ! Sa liberté ne sera pas de longue durée, et bientôt un nouveau César viendra le punir d'avoir été sourd à la voix de Cicéron, qui lui aura crié inutilement : *cedant arma togœ.* — Au surplus, la constitution s'est chargée elle-même de notre défense sur ce point : elle déclare, article 175, que « la force armée est essentiellement obéissante ; » et certainement elle ne veut pas que les hommes à qui elle délègue le pouvoir exécutif, puissent être accusés pour avoir voulu faire exécuter une disposition aussi salutaire.

A l'égard de *Schérer*, les motifs qui ont déterminé sa nomination sont :

1°. La manière brillante dont il avoit servi à l'armée du Nord, en l'an 2, notamment la rapidité glorieuse avec laquelle il avoit repris sur les Autrichiens les places de Landrecies, du Quesnoy, de Valenciennes et de Nord-Libre ;

2°. Les témoignages de satisfaction que la Convention nationale lui avoit donnés, en le nommant successivement général en chef de l'armée d'Italie, de l'armée des Pyrénées Orientales, et encore une fois de l'armée d'Italie;

3°. Les succès qu'il avoit eus sur les Espagnols dans le commandement de la seconde de ces armées;

4°. La victoire éclatante qu'il avoit remportée en Italie le 2 frimaire an 4, avec des forces très-inférieures à celles des Autrichiens, victoire qui avoit été le prélude des prodiges que la même année et la suivante virent faire à *Bonaparte* dans les mêmes contrées:

5°. La marque signalée d'estime que le général *Joubert* lui avoit donnée en vendémiaire an 7, en le proposant au Directoire exécutif, concurremment avec le général *Jourdan*, pour le remplacer dans le commandement de l'armée de Mayence, et même en témoignant en particulier à quelques membres du Directoire, son regret de ce qu'on lui eût préféré le vainqueur de Fleurus et de Juliers;

6°. Ce propos non moins remarquable, tenu à un membre du Directoire Exécutif, par le général *Bernadotte*, au moment de son départ pour l'armée d'observation: *Schérer est notre père à tous, c'est le premier général que la République ait actuellement en Europe.*

Que nos dénonciateurs mettent la main sur leur conscience, et qu'ils disent si, à notre place, ils n'auroient pas, comme nous, fait choix de Schérer pour commander l'armée d'Italie! Ce qu'il y a de certain, c'est que sa nomination n'excita aucun

-murmure, et que son début sur l'Adige fut marqué par la victoire.

Que depuis il ait été malheureux ou coupable,
cela ne change rien à la moralité de l'acte de sa
nomination. Sans doute, par l'événement, cette
nomination est devenue une des fautes les plus
funestes qu'ait pu faire le Directoire ; mais ce qui
n'est faute que par l'événement, peut-il donner lieu
à une accusation ?

VIII°. POUR N'AVOIR PAS FAIT PUNIR LES AGENS
ET LE COMMISSAIRE DU DIRECTOIRE, ACCUSÉS
DE VEXATIONS ET DE DILAPIDATIONS CHEZ LES
RÉPUBLIQUES ALLIÉES. . . . . . .

RÉPONSE. Quels sont ces agens, quels sont ces
commissaires ? Il n'en est aucun, à ma connoissance, contre lequel, pendant que j'étois Membre
du Directoire, il ait été articulé et prouvé, soit
des vexations, soit des dilapidations. — Qu'il se
soit élevé des clameurs plus ou moins fortes contre
celui-ci ou contre celui-là, ce n'est point là ce qui
constitue une dénonciation digne d'être suivie ju-
diciairement ; et ce n'est point sur de pareilles bases
que l'autorité exécutive d'un peuple libre peut se
permettre de traduire en jugement des citoyens
qu'elle a honorés de sa confiance. S'il en étoit au-
trement, quel est l'homme honnête qui voulût se
résoudre à accepter d'elle une mission quelconque ?
Heureusement, telle n'a jamais été, et telle ne sera
jamais sans doute la marche du Directoire Exécutif
de la république française : et je puis, à cet égard,
me citer moi-même pour exemple de son respect
pour les principes. Avant le 18 fructidor an cinq,
la tribune nationale ne retentissoit, et les journaux
n'étoient remplis que de déclamations contre moi ;
et il sembloit, à entendre la faction qui dominoit

alors , que le Directoire n'eût besoin , pour faire sa paix avec elle , que de me faire monter sur l'échafaud. Le Directoire sut résister au torrent d'une opinion factice, et je doute qu'il en ait été blâmé par aucun de ceux qui l'accusent aujourd'hui de n'avoir pas, sur des assertions aussi vagues et aussi dénuées de tou e espèce de circonstances et de preuves, envoyé, devant les tribunaux, les agens et les commissaires dont il s'agit.

Du reste, je n'ai été ni ne me suis constitué le patron d'aucun d'eux ; et j'aurois signé leur mise en jugement avec le même sens-froid que j'avois signé leur nomination, si l'on m'eût éclairé sur leur conduite, de manière à me la faire juger répréhensible. — C'est ce que j'ai déclaré notamment à un membre du corps législatif helvétique, qui m'avoit écrit différentes lettres contre le commissaire *Rapinat* et le général *Schauenbourg*. Je l'ai interpellé de me citer des faits précis et positifs : sa réponse est encore à venir.

Je suppose, au surplus, que dans le chef de dénonciation que je discute ici, il n'est pas question des *agens* (improprement dits *du Directoire*) qui, dans les républiques alliées et occupées par les troupes françaises, étoient employés à la suite des armées. Car s'il est vrai que ceux-là ont commis beaucoup de vexations et de dilapidations, il l'est également que le Directoire a pris , pour les faire arrêter et punir, toutes les mesures que son autorité lui fournissoit. Il a, pour cet effet, investi des plus grands pouvoirs les généraux en chef, à commencer par le général *Brune* ; et si ceux-ci n'en ont pas usé avec toute la latitude et tout le succès que le Directoire devoit en attendre, ce n'a pas été faute de sa part d'ordres réitérés, d'instructions fréquemment répétées, d'instances toujours plus pressantes les unes que les autres On peut voir, dans un des numéros du *Rédacteur*, du mois prairial dernier, le recueil de tous les arrêtés qui ont été pris, et de toutes les lettres qui ont été écrites à ce sujet.

IX°. POUR AVOIR DÉTRUIT, PAR LA FORCE MILITAIRE, LA CONSTITUTION DE LA RÉPUBLIQUE CISALPINE, ET EN AVOIR MUTILÉ LES AUTORITÉS....

RÉPONSE. La république cisalpine a-t-elle jamais eu une constitution ? Non, car jamais le peuple cisalpin n'en a légalement accepté aucune. Et ce n'est pas à des Français qu'il faut apprendre cette grande vérité proclamée par la convention nationale, dès le 21 septembre 1792, à l'instant même de son installation : « Qu'il ne peut exister de cons-» titution pour un peuple, s'il ne l'a acceptée lui-» même. »

Ce n'est donc point une constitution que la force militaire a, non pas détruite, mais modifiée, dans la république cisalpine ; c'est tout simplement une ordonnance du général en chef de l'armée d'Italie : il l'avoit intitulée *constitution*, parce qu'elle donnoit une organisation au territoire cisalpin. Mais en la décorant, par une sage politique, d'un nom auguste, il n'avoit ni pu, ni voulu la revêtir du caractère sacré que ce nom suppose ; et elle n'étoit, dans la réalité, pour la nation cisalpine, qu'un mode provisoire du gouvernement qu'elle tenoit de la main du vainqueur. Il en est de même des *Autorités* que l'on nous accuse d'avoir *mutilées* dans la république cisalpine. — Une nation n'a point d'*Autorités* qui lui soient propres, si elle ne les a créées elle-même, et si ce n'est pas par elle-même ou par ses délégués nommés *ad hoc*, que les membres en ont été choisis. Or, jamais la nation cisalpine n'a émis son vœu pour le choix de ses législateurs ni de ses magistrats ; ses législateurs et ses magistrats lui ont été donnés, comme sa prétendue constitution, par le général en chef de l'armée d'Italie.

Ainsi, de même que la prétendue constitution de la république cisalpine n'étoit qu'une ordonnance militaire, faite pour son organisation provisoire, de même aussi ses prétendues autorités n'étoient que des commissions militaires chargées de faire marcher provisoirement cette organisation.

Reste à savoir maintenant si le Directoire Exécutif de la République française a eu le pouvoir de modifier des ordonnances du général en chef de l'armée d'Italie ? — L'affirmative est assurément plus clair que le jour.

Aussi, le Directoire Exécutif a-t-il cru pouvoir approuver les ordres par lesquels le général Berthier, successeur de Bonaparte dans le commandement en chef de l'armée d'Italie, avoit exclu des autorités cisalpines des hommes que la saine opinion publique signaloit pour les agens secrets de l'Autriche, et parmi lesquels se trouvoit ce *Lahoz*, officier autrichien, qui, en l'an 5, avoit déserté ses drapeaux en emportant la caisse de son régiment, et qui après avoir affiché tant à Milan qu'à Paris, toutes les couleurs du patriotisme le plus exagéré, vient enfin de lever le masque et de se montrer tel qu'il est, en repassant au service de son premier maître.

Par la même raison, le Directoire Exécutif a cru pouvoir donner des instructions pour modifier l'ordonnance appelée *constitution*, qui régissoit provisoirement le territoire cisalpin, et qui le régissoit, il faut le dire d'une manière ruineuse, puisqu'au moyen du nombre excessif de départemens et de fonctionnaires de toute espèce qu'elle avoit établis, tous les revenus de ce pays se trouvoient absorbés à un tel point qu'il lui étoit devenu impossible de faire face au payement de 1,500 mille francs qu'il étoit tenu de verser chaque mois dans la caisse de l'armée française.

Le Directoire Exécutif se proposoit de saisir cette occasion pour faire sortir le peuple cisalpin de l'état précaire dans lequel il se trouvoit, et pour lui procurer enfin la jouissance indépendante et absolue de sa souveraineté, en le mettant à même de se réunir en assemblées primaires, à l'effet de délibérer et de s'expliquer librement sur le projet de constitution qui lui seroit présenté.

Dans cette vue, le général *Brune* fut mandé à Paris, et après avoir pris connoissance des intentions du Directoire, il retourna à Milan, en promettant bien, non-seulement de ne pas contrarier, mais encore de seconder de toutes ses forces l'Ambassadeur de la République française, qui étoit personnellement chargé de les faire exécuter.

Peu de tems après, l'Ambassadeur les exécuta en effet, avec le concours de la majorité de la commission désignée sous le nom de *Corps Législatif cisalpin*, et il ne resta plus qu'à attendre la formation des assemblées primaires, pour soumettre le tout à la sanction du peuple.

Le général Brune, de son côté, cédant aux sollicitations des mécontens, et oubliant ses promesses, ainsi que les limites de ses attributions, donna des ordres qui détruisirent l'ouvrage qu'avoit fait l'Ambassadeur en vertu des pouvoirs émanés du Directoire Exécutif, et changèrent la composition du

Corps Législatif et du Directoire cisalpin.

Il n'étoit pas possible que le Directoire laissât subsister de pareils ordres; il les annulla par un arrêté, de l'exécution duquel il chargea le nouvel Ambassadeur qui fut envoyé à Milan.

Celui-ci hésita d'abord à exécuter l'arrêté du Directoire, et finit par s'y refuser. Il fit plus; il présenta ses lettres de créance au Directoire cisalpin nommé par le général Brune et désavoué par le Directoire français.

Cependant on chercha à légaliser des opérations qui n'étoient que l'ouvrage de la force militaire en opposition avec l'autorité qui l'employoit.

A cet effet, il intervint une loi qui convoqua les assemblées primaires, et pour qu'elles fussent composées de manière à faire réussir le projet qu'on avoit en vue, on eut soin, 1°. de les fixer à des époques si rapprochées que les affidés seuls pussent être instruits de leur formation, 2°. de déclarer habiles à y voter les jeunes gens de 17 ans et les étrangers.

L'oubli, le mépris de toutes les formes fut à cet égard porté si loin, que dans la commune de Milan, l'une des plus peuplées de l'Europe, on n'ouvrit qu'une seule assemblée primaire, dans laquelle, enfans et étrangers compris, il ne se trouva pas 4,000 individus.

La tenue de ces assemblées, répondit en tous points, à la manière dont elles avoient été convoquées. La violence en ensanglanta plusieurs, la fraude les circonvint toutes; cependant il y en eut quelques-unes qui rejetèrent hautement le plan de constitution et la liste de législateurs et de magistrats qu'on leur présentoit.

Le Directoire Exécutif a-t-il pu reconnoître le

résultat de pareilles assemblées ? Convoquées et organisées par de soi-disant autorités sans caractère, elles ne pouvoient être considérées que comme des attroupemens illégaux, et il étoit impossible qu'elles servissent d'organes à la volonté du peuple cisalpin.

Le Directoire Exécutif a donc dû, comme il l'a fait, annuller les opérations du général Brune, avec tout ce qui s'en étoit ensuivi, et remettre les choses dans l'état où elles étoient avant les ordres donnés par cet officier, sauf aux assemblées primaires légalement convoquées à prononcer en définitive sur la forme d'organisation, ainsi que sur les législateurs et les magistrats qui pouvoient convenir à la nation cisalpine.

X.º. (DANS LE RAPPORT DU MINISTRE DES RELATIONS EXTÉRIEURES, JOINT AU MESSAGE DU DIRECTOIRE, DU 9 MESSIDOR, VOUS AVEZ LA DÉCLARATION, QUE LA CORRESPONDANCE ENTRE LES AGENS DIPLOMATIQUES ET CE MINISTRE AVOIT CESSÉ ET SE SUIVOIT IMMÉDIATEMENT PAR LE DIRECTOIRE).....

RÉPONSE. Si cette déclaration existe, telle qu'elle est ici énoncée dans le rapport du ministre des relations extérieures, je ne crains pas de trancher le mot; le ministre des relations extérieures en a imposé au Directoire Exécutif, et par suite au Corps Législatif.

Il est bien vrai que le Directoire a quelquefois écrit lui-même à quelques-uns de ses agens diplomatiques; mais la correspondance entr'eux et le ministre n'en a pas moins continué, et il est de toute fausseté que le Directoire se la soit réservée exclusivement.

Prétendroit - on faire un crime au Directoire Exécutif d'avoir communiqué directement avec quelques-uns de ses agens en pays étranger ? — Il faudroit donc lui faire un crime d'avoir assez apprécié certains secrets de l'Etat, pour se croire obligé, de veiller à leur garde avec un soin extraordinaire, et d'avoir, dans certains cas de la plus grande urgence, connu assez la valeur du tems, pour expédier lui-même des courriers dont le départ eût été nécessairement retardé de plusieurs heures, s'il eût dû s'en rapporter au ministre.

Où est, après-tout, la loi qui qualifie de délit la correspondance immédiate du Directoire Exécutif avec ses agens diplomatiques et qui en détermine la peine ? Elle n'existe nulle part.

Une pareille loi d'ailleurs seroit-elle bien en harmonie avec la constitution, dont l'article 143 prouve qu'elle a pris un soin particulier d'assurer au Directoire la certitude de garder ses secrets ?

XI°. Pour avoir porté atteinte a la Souveraineté Nationale , en violant la liberté des Élections...

Reponse. D'une part le code des délits et des peines , livre 3 , titre *des crimes contre la constitution* , caractérise tous les délits qui peuvent résulter des actes et des démarches de l'autorité exécutive et de ses agens contre la liberté des élections.

D'autre part , l'un des premiers articles du même code , déclare formellement , et c'est un principe de tous les pays comme de tous les temps , que nulle action ne peut être réputée délit , si elle n'a été déclarée telle par une loi publiée avant qu'elle fût commise.

Le chef de dénonciation que je viens de transcrire , ne pourroit donc être susceptible de discussion et d'examen, qu'autant que l'on reprocheroit au directoire, relativement aux élections, des actes ou des démarches qualifiées délits par une loi expresse et antérieure.

Or de tous les faits que l'on articule à cet égard, il n'en est pas un seul qui porte ce caractère.

Il est, au reste, de toute fausseté que le directoire ait envoyé dans les départemens aucun commissaire *chargé de menacer d'arrestation ceux qui ne se conformeroient pas à sa volonté;* et si le prêtre Cornillon, signalé par l'Administration municipale de Bagnols, s'est effectivement annoncé comme porteur d'une mission de cette espèce, le prêtre Cornillon, que je n'ai jamais vu, ni connu, et dont même je n'ai jamais lu ni entendu prononcer le nom, n'est qu'un misérable sycophante, un vrai chevalier d'industrie, un agent secret des ennemis de la République.

Et il n'est pas le seul qui ait joué ce coupable rôle dans le tems des élections. Il s'en est présenté un semblable dans le département du Cantal; mais je n'en fus pas plutôt informé par le représentant du peuple *Bertrand*, député de ce département, qu'un mandat d'arrêt envoyé sur les lieux pour le faire saisir, rompit la trame de ses audacieuses impostures et mit fin à sa mission apocryphe.

J'ignore quels *moyens de terreur* les commissaires du Directoire auroient pu employer *pour éloigner les patriotes des assemblées politiques;* et j'avoue qu'à leur place, si j'avois eu une pareille mission à remplir ou une telle envie à satisfaire, j'y aurois été fort embarrassé. — La vérité est qu'aucun d'eux ne nous a été signalé comme ayant usé de ces prétendus moyens (4).

____

(4) Je ne parle pas ici du commissaire central du
Que

Que plusieurs de ces fonctionnaires aient montré plus de zèle pour faire tomber les suffrages sur celui-ci que sur celui-là , où est le crime et que peut-on en conclure? Ils ont usé en cela du droit qu'a tout citoyen de manifester sa pensée sur les élections comme sur toute autre opération politique ; et ils n'ont fait de vive voix que ce qu'ont peut-être fait par écrit tous les membres du Corps Législatif. Je sais bien, pour mon propre compte , que lorsque j'avois l'honneur d'être représentant du peuple , je ne me faisois aucun scrupule d'envoyer aux électeurs de mon département qui s'adressoient à moi ou que je connoissois particulièrement , mon opinion sur les candidats qui se présentoient ou que la voix publique sembloit désigner , soit pour la législature , soit pour d'autres fonctions importantes. Il n'y a point là de délit , parce qu'on ne blesse en cela aucune loi prohibitive , et que , pour me servir des termes de la déclaration des droits de l'homme , article 7 , *ce qui n'est pas défendu par la loi , ne peut être empêché.*

Mais c'est principalement *par les destitutions arbitraires et innombrables de fonctionnaires républicains,* sous *le prétexte d'anarchie ,* qu'on nous accuse « d'avoir porté atteinte à la souveraineté » nationale et violé la liberté des élections. » — Je l'avoue de bonne foi , il faut que je sois aussi pénétré que je le suis du respect dû au caractère sacré de représentant du peuple , pour croire que le rédacteur du rapport ait avancé sérieusement une pareille assertion à la tribune nationale.

---

département de la Sarthe ; le message du Directoire Exécutif qui le concerne , a , dans le tems , expliqué suffisamment sa conduite.

(34)

Quoi! la constitution autorise le Directoire à nommer et révoquer *à son gré* ses commissaires, et il outrageroit la Souveraineté du peuple en usant d'un droit que le peuple lui-même lui a délégué par sa souveraine puissance !

Quoi ! la constitution autorise le Directoire à destituer les administrateurs de département et de canton, qui ne sont, dans l'exacte vérité, que ses propres agens, quoique nommés par les assemblées primaires et électorales (5), et il auroit violé la liberté des élections, en exerçant ce droit contre des administrateurs du département de l'Aude pour avoir favorisé par une répréhensible connivence les infractions à main armée que souffroit sous leurs yeux le droit de passe, — contre des administrateurs du département de l'Arriège, pour avoir pris en faveur d'un réquisitionnaire un arrêté marqué au coin de la plus criminelle complaisance, — contre les membres du bureau central de Lyon, pour avoir mis sciemment en liberté deux scélérats déjà condamnés par jugement, que la gendarmerie venoit de lui amener, — contre un membre du bureau central de Bordeaux, pour avoir affiché une insubordination journalière et systématique envers l'administration centrale, etc. etc. etc. etc. !

A-t-on d'ailleurs bien réfléchi aux conséquences qui résulteroient pour le Corps Législatif lui-même d'une accusation des ex-Directeurs, fondée sur les destitutions prétendues arbitraires dont il s'agit ici ? Il est très-peu de ces destitutions qui n'aient été proposées par des représentans du peuple qui ont fourni

____

(3) Voyez sur ce principe, ce qui a été dit à la Convention nationale, lors de la discussion des articles 193, 194, 195 et 195 de la constitution.

les pièces ou les renseignemens d'après lesquels elle
ont été délibérées. Si donc elles pouvoient être im-
putées à crime, combien de représentans du peuple
à mettre en état d'accusation avec les ex-Directeurs! car on sait qu'aux termes du titre 3 de la seconde partie du code pénal, c'est se rendre complice
d'un crime que de le provoquer par des écrits, par
des discours, par des conseils et des sollicitations; et
que suivant les dispositions du même titre, tout
complice doit être puni des mêmes peines que le
criminel principal.

. Mais ces observations sont ici bien superflues;
le Directoire ne peut pas avoir violé la constitution par les destitutions qu'il a prononcées, puisque
c'est la constitution elle-même qui l'y autorisoit;
et le jour où le Corps Législatif prendroit connoissance de ces destitutions, ce jour-là seroit le dernier du régime constitutionnel et l'infaillible avant-
coureur du renversement de la République. La Convention nationale l'avoit bien prévu; et l'on peut
en juger par la vigueur avec laquelle elle repoussa
dans sa séance du 4 ou 5 (6) thermidor an 3, la
proposition faite par un de ses membres d'attribuer
au Corps Législatif le droit de réviser les arrêtés
de destitution émanés du Directoire. C'est que la
Convention nationale étoit profondément imbue
du principe qu'elle avoit elle-même consacré dans
l'article 22 de la déclaration des droits : « la ga-

---

(6) Je dis 4 ou 5, parce que je ne me rappelle pas
précisément lequel de ces deux jours la proposition
fut faite ou rejetée; mais je suis très-sûr que ce fut l'un
ou l'autre. Je l'ai vérifié vingt fois depuis quatre ans
dans le *Moniteur*, que je n'ai pas en ce moment sous
la main.

» rantie sociale ne peut exister, si la division des pou-
» voirs n'est pas établie, et si leurs limites ne sont
« pas fixées. »

Ce n'est pas, au demeurant, que mes ex-collègues ni moi fussions embarrassés de justifier, s'il le fal-loit, les destitutions que nous avons faites. Nous ne sommes pas assez vains pour prétendre qu'on ne nous a induits en erreur sur aucune ; mais ce que je puis bien affirmer, c'est qu'il n'en est pas une seule qui n'ait été dirigée, dans notre intention, par les motifs les plus constitutionnellement répu-blicains. — Que ceux qui m'accusent spécialement à cet égard jettent les yeux sur mon département (celui du Nord) : le commissaire central qui y étoit en fonctions depuis un an, à l'époque du 30 prai-rial, est certainement un des républicains les plus prononcés et les plus énergiques de cette populeuse contrée, et on peut le juger d'après le représentant du peuple *Lesage-Senault*, qui l'avoit proposé. Eh bien ! a-t-il jamais été question de le révoquer, tout le tems que j'ai été en place ? Et n'a-t-il pas, au contraire, trouvé en moi un ardent défenseur, toutes les fois que les bureaux ministériels lui sus-citoient quelques tracasseries ? — Je citerai encore le canton où je suis né, et où j'ai conservé des rela-tions aussi intimes que multipliées, celui d'Arleux, où mon frère est commissaire du Directoire Exécu-tif depuis deux ans et demi. Si je m'étois fait un systême d'étouffer l'esprit public, certainement ce canton s'en seroit ressenti plus que tout autre. Eh bien ! je mets en fait qu'il est de tous les cantons de la France le plus patriote et tout à-la-fois le plus constitutionnel.

Eh bon Dieu ! si nous avions cherché à étouffer l'esprit public, eût-il été besoin de recourir aux destitutions ? Il auroit suffi de lâcher la bride aux prêtres réfractaires et de rayer les émigrés. Ces deux classes d'hommes auroient formé, pour le royalisme, une avant-garde invincible, et la République seroit tombée d'elle - même sous leurs attaques sourdes et simultanées..On sait cependant que nous n'avons fait grâce ni aux uns ni autres ; et si nous avons essuyé des reproches à leur sujet, certainement ce n'est pas de les avoir ménagés.

XII°. (Les ex-Directeurs sont dénoncés) COMME COUPABLES D'ARRESTATIONS ET DE DETENTIONS ARBITRAIRES.

REPONSE. Si c'est un crime d'avoir fait arrêter et détenir plus ou moins de tems, sans toutes les conditions requises par la loi, les anciens chefs des Vendéens et des Chouans, lorsqu'on les a vus menacer la tranquillité du pays qu'ils habitoient, mes collègues et moi sommes coupables. Mais notre confiance dans le génie de la liberté a toujours été et sera toujours trop grande pour que nous puissions craindre d'être accusés de ce chef par un Corps Législatif républicain.

Les mêmes motifs s'appliquent aux arrestations et aux détentions qui, dans la ci-devant Belgique, ont suivi la rébellion armée dont ces belles contrées ont été le théâtre en brumaire au 7 et les mois suivans. Aussi, le Conseil des Cinq-Cents a-t-il rejeté formellement les plaintes qui dans le temps en ont été portées à sa tribune par les représentans du peuple *Frison*, *Demoore* et *Betz*.

Je ne connois pas d'autres arrestations et détentions ordonnées par le Directoire que l'on puisse inculper d'arbitraire. Toutes les fois que le Directoire s'est vu forcé de déployer contre des individus le pouvoir que lui attribue l'article 145 de la constitution , il l'a fait avec toutes les formes que prescrivent la constitution elle-même et les lois réglémentaires. Il est possible que quelques-uns de ces individus aient été arrêtés sur de faux renseignemens ; mais leur arrestation n'en a pas été moins légale , et le Directoire n'a fait en l'ordonnant , d'après les apparences de preuves réunies contr'eux , que ce que font tous les jours les juges de paix et les directeurs de jury, qui décernent , de très-bonne foi , des mandats d'arrêt, légaux dans la forme , quoiqu'injustes au fond.

Assurément la liberté individuelle est le plus précieux de tous les biens , et l'on ne sauroit respecter trop religieusement ni exécuter avec trop de soin les lois qui la garantissent. Cependant l'homme doit à la société dont il est membre , tous les sacrifices qu'elle a droit d'exiger de lui pour sa propre sûreté, et il n'a pas droit de se plaindre , lorsque par l'organe de ses magistrats elle le prive momentanément de sa liberté pour lui demander compte de sa conduite.

Montrer à cet égard une rigueur inquisitoriale contre les fonctionnaires chargés de décerner les mandats d'amener et d'arrêt , ce seroit paralyser leur zèle , neutraliser la police et mettre la république à la merci des conspirateurs et des brigands de toute espèce.

Je saisirai cependant cette occasion pour observer qu'il manque à la législation une mesure capable de forcer les juges de paix à se renfermer dans les délais que la constitution leur prescrit , tant pour statuer sur le sort des individus conduits devant eux en vertu de mandats d'amener , que pour envoyer devant les directeurs du jury ceux contre lesquels ils ont décerné des mandats d'arrêt. C'est

un vice que j'ai fréquemment remarqué dans l'exercice de mes fonctions ministérielles et directoriales ;
et je ne serois par étonné qu'il entrât pour beaucoup dans les plaintes dont il est ici question. Très-
souvent on m'a parlé d'arrestations illégalement
prolongées, et dont par ignorance ou inhabitude
des affaires, on attribuoit la prolongation au Directoire, tandis qu'elle n'étoit que l'effet de la négligence des juges de paix.

XIII°. D'AVOIR LAISSÉ RÉORGANISER LA GUERRE
DE LA VENDÉE ET DES CHOUANS, QU'ILS DE-
VOIENT PRÉVENIR PAR DE SAGES PRÉCAUTIONS
OU COMBATTRE AVEC LES FORCES REPARTIES
DANS L'INTÉRIEUR.....

RÉPONSE. Toutes les précautions qu'il a été
possible de prendre pour préserver les departemens
de l'Ouest d'une nouvelle guerre civile, le Directoire Exécutif les a prises avec une sollicitude aussi
active que vigilante.

Pour atteindre ce but,

Il falloit conserver dans ce département des
forces imposantes ; le Directoire les y a conservées
en effet, et elles y sont encore ;

Il falloit mettre à la tête de ces forces des généraux connus par leur républicanisme, par leur zèle
et par leur expérience en cette partie ; le Directoire
y a placé en chef le général Moulin, et sous lui le
général de division Michaud, les généraux de brigade Grigny, Avril, Digonnet, Travot, etc.

Il falloit mettre des fonds secrets à la disposition
des autorités républicaines, pour leur procurer les
moyens d'éclairer la conduite des partisans de la
rébellion et des agens du brigandage ; le directoire
n'a rien épargné à cet égard, et jamais les fonds

demandés par ces autorités ne se sont fait attendre;

Il falloit peut-être quelque chose de plus ; il falloit, du moins, le Directoire en a toujours eu l'intime conviction, promettre le pardon à tout membre des bandes de Vendéens ou de Chouans qui révéleroit les trames de ses complices, en fourniroit les preuves et mettroit la police à même d'arrêter et de faire punir les coupables — Ce moyen a été proposé par plusieurs messages au Conseil des Cinq-Cents ; mais le Conseil ne l'a pas adopté.— Il est possible que la crainte de donner trop d'autorité au Directoire en ait été le motif. Fasse le Ciel que nos succesreurs soient assez heureux pour voir cesser cette crainte, et qu'ils inspirent aux Législateurs la confiance nécessaire pour revenir sur leur décision !

XIV°. POUR AVOIR ENCOURAGÉ PAR LA RÉACTION ET MULTIPLIÉ PAR L'IMPUNITÉ, LES MEURTRES ET LES ASSASSINATS DIRIGÉS PRINCIPALEMENT CONTRE LES FONCTIONNAIRES ET LES RÉPUBLICAINS.....

RÉPONSE. Si plusieurs de ces assassinats sont restés impunis, certes, ce n'est pas la faute du Direc oire : ses registres sont remplis d'arrêtés tendant à faire poursuivre les coupables, et il n'est pas un seul de ces arrêtés dont l'exécution n'ait été surveillée avec l'attention la plus rigoureuse. Si le Directoire avoit pu faire plus, il l'auroit fait ; mais on sait que, d'une part, il n'a pas le droit de destituer même un simple gendarme ; et que de l'autre, il n'a et ne doit avoir aucune autorité sur les tribunaux.

Quant au reproche d'avoir encouragé ces assassinats par ce qu'on appelle la *réaction*, il est d'autant moins réfléchi, que les départemens où il a coulé le plus de sang républicain, sont précisément ceux dans les autorités desquels le Directoire n'a fait aucun ou presqu'aucun changement. Ainsi, de tous les departemens de l'Ouest, ceux du Morbihan et de Maine et Loire, sont les seuls dont les administrations aient essuyé quelques réformes : et encore la destitution opérée dans le premier a-t-elle uniquement été motivée sur des intelligences présumées entre l'administrateur qui en étoit l'objet et les chouans; ce que sans doute on n'y a pas considéré comme un symptôme de *réaction*.

XV°. ENFIN, POUR AVOIR COMPROMIS PAR LES VICES DE LEUR ADMINISTRATION, L'EXISTENCE DE LA RÉPUBLIQUE.

REPONSE. A une inculpation aussi vague, il nous sera sans doute permis d'opposer les preuves innombrables de républicanisme que nous avons données à toutes les époques de la révolution, et de demander s'il est digne d'un homme raisonnable de supposer que nous ayons tant de fois contribué à sauver la république, pour nous donner ensuite l'exécrable plaisir de la conduire nous-mêmes à sa perte. Ah ! que l'on daigne du moins se rappeler les injures, les calomnies de tout genre dont les partisans du trône m'ont abreuvé avec un acharnement atroce, pendant trois ans, et que l'on juge s'il m'eût été possible de pactiser avec eux, quand j'en aurois eu le coupable desir !.... Pactiser avec les royalistes ! Eh ! qu'aurois-je pu en attendre, grand Dieu ! Me soupçonneroit-on assez imbécille pour espérer qu'ils me pardonnent jamais ?

Mes travaux contre le régime féodal dans l'assemblée constituante, la mort du dernier roi que j'ai votée (7) dans le calme de ma conscience ;

La présidence de la commission des cinq qui, au 13 vendémiaire, sauva la Convention Nationale et avec elle la République ; les poursuites que j'ai fait diriger, comme ministre de la justice, contre les *Gelin*, les *Richer-Sérisy*, les *Bésignan*, les *Brottier*, les *Lavilleurnoi*, les *Presle*, les *Poly*, les *Baruël-Bauvert*, etc. etc. ;

Le zèle et la chaleur que je n'ai pas un seul instant cessé de déployer contre les émigrés, contre les prêtres réfractaires, contre les écrivains qui s'étoient faits les apôtres du royalisme, etc. etc. etc?

Non, non, je ne méprise pas assez mon existence, pour la confier à la résurrection d'un roi, et quand même je n'aurois lu ni l'histoire d'Angleterre, ni les instructions de Brottier (8), je connois assez le cœur humain pour n'ajouter aucune foi aux promesses d'amnistie des *Prétendans*.

Mais peut-être vaincus par l'absurdité même du reproche qu'ils nous font d'avoir cherché à rétablir la royauté, nos ennemis se rabattront-ils à dire

---

(7) On me dira que *Carnot* l'avoit aussi votée, mais Carnot n'étoit rien moins que patriote en 1789 ; il n'a tourné le dos à l'aristocratie en 1790, que par dépit de n'avoir pu, comme roturier, obtenir la main de la fille d'un noble.

(8) Suivant ces instrucitons, le soi-disant Louis XVIII devoit en montant sur le trône, proclamer pour la forme une amnistie générale, dont le parlement auroit ensuite refusé l'enregistrement : moyen sûr d'allier une clémence apparente avec le plaisir de faire contempler les échafauds et les gibets de deux ou trois millions de bons citoyens.

que c'est pour notre propre compte que nous avons tenté l'usurpation de la souveraineté nationale.

Des mots, des suppositions ne coûtent rien aux calomniateurs mais voici des faits péremptoires.

On sait qu'après le 18 fructidor, il se forma, dans le corps législatif un parti très-puissant, pour proroger, *jusqu'à sept ans*, les pouvoirs de ses membres d'alors, et *jusqu'à dix* ceux des hommes qui composoient le Directoire. — Si mes ex-collègues et moi avions eu l'ambition que l'on nous impute aujourd'hui, l'occasion étoit belle, et nous n'avions pas besoin de grands efforts pour la satisfaire : il ne s'agissoit que de ne pas nous y refuser. — Cependant nous annonçâmes, chacun en particulier, à tous ceux qui nous en firent la proposition, que jamais nous ne nous prêterions à cet attentat contre la souveraineté du peuple. — On insista ; nous fûmes inébranlables. — Enfin, *la réunion du pavillon de Flore*, (c'est ainsi qu'on appeloit le nombreux congrès des amis de la prorogation) prit le parti de nous députer ceux de ses membres qui avoient le plus approfondi et médité le projet ; et le représentant du peuple R*egnier*, du conseil des anciens, qui les avoit constamment combattus, fut chargé de les accompagner comme témoin. — Une longue conférence s'établit entre la Députation et le Directoire. — La Députation s'épuisa en discours et en raisonnemens, pour prouver au Directoire qu'il avoit le plus grand tort de ne pas donner les mains à un arrangement qui lui étoit à lui-même si avantageux. — Le Directoire persista, et finit par déclarer que si une loi venoit à adopter cet arrangement, il en appelleroit au peuple, et ne la feroit ni sceller ni publier. — Cette déclaration fit évanouir le systême prorogateur ; et l'on sait que depuis, deux Membres du Directoire en sont sortis successivement par les voies et aux époques constitutionnelles. — Est-ce ainsi, je le demande à tout être qui a conservé quelque lueur de bon sens, est-ce ainsi que se conduisent des magistrats qui aspirent à la tyrannie, et qui veulent sacrifier à leur ambition la liberté de leurs concitoyens?

Maintenant, hommes justes et impartiaux, de quel œil devez - vous voir ces *adresses* qui nous accusent d'avoir *medité le renversement de la représentation nationale?* Sans doute elles ne sont à vos yeux, comme elles ne sont dans la réalité, que les productions délirantes du mensonge le plus grossier et le plus absurde. . . . . . Renverser la représentation nationale . Nous, sans qui, il faut le répéter, il n'y auroit eu d'élections ni en l'an 6, ni en l'an 7 ! nous, sans qui le corps législatif ne seroit plus qu'une monstrueuse olygarchie ! nous, qui n'avons cessé de protester, dans toutes nos conversations particulières avec les Représentans du peuple, contre toute idée d'un nouveau 18 fructidor, que la malveillance s'efforçoit d'accréditer par les suppositions les plus audacieuses et les plus extravagantes !

Oui, j'ai souvent répété, et je me plais à attester les nombeux témoins qui l'ont entendu, qu'un nouveau 18 fructidor perdroit la république, quelque légitime en apparence qu'en pût être la cause, parce qu'il déconsidéreroit entièrement le corps législatif; et que, sans un corps législatif extrêmement considéré, il ne pouvoit pas y avoir de république en France. — On m'a cependant assuré que des misérables avoient déposé, devant la commission des onze, m'avoir vu à l'École-Militaire, chez je ne sais quel général, déclamant contre un de mes collègues, et proposant aux militaires qui m'entouroient, de prendre les armes pour décimer le corps législatif. — Le vrai est qu'à l'exception des fêtes nationales, où je ne pouvois paroître qu'en grand costume et en grand cortège, je n'ai mis le pied à l'École - Militaire qu'une seule fois dans ma vie, et ce fut en août 1777, il y a 22 ans !

REPRÉSENTANS DU PEUPLE, j'en ai déjà trop dit pour confondre mes dénonciateurs : la vérité luit à vos yeux ; la justice est dans vos cœurs ; prononcez : j'attends votre décision avec le calme de l'innocence.

De l'Imprimerie de PORTHMANN , rue des Moulins, près celle des Petits-Champs, n°. 546.